スープジャーとおにぎり弁当

しらいのりこ

成美堂出版

スープジャーに入れたあったか汁ものと

おなかペコペコのランチタイムに食べるお弁当は、１日の後半戦を元気よく過ごすためのパワーチャージに欠かせません。忙しい朝のお弁当作りは大変ですが、「スープジャー」を使うことで、調理の手間をぐんと減らすことができます。さらに、「おにぎり」をプラスすると、しっかりボリュームのあるお弁当が簡単に完成します。

おいしいおにぎりがあればいい！

この２つの組み合わせなら、おかずの準備にあたふたすることもなく、彩りや詰め方を気にする必要もありません。また、本書で紹介している50の組み合わせを参考にすれば、メニューもパパッと決まるはずです。とってもシンプルだけど、おなかも心も満たされる「スープジャー＋おにぎり弁当」で、手軽に素敵なお弁当ライフをかなえて！

目次

みそ汁&スープINDEX …… 6
おにぎりINDEX …… 8
朝ラク！　お弁当作りの段取り …… 10
おにぎりがおいしくなるご飯の炊き方 …… 12
この本のルールと注意事項 …… 14

＼やっぱり最強！／ 豚汁＋おにぎり

王道豚汁（基本の豚汁の作り方） …… 16
塩むすび（基本のおにぎりの作り方） …… 17
甘め豚汁＋鮭たらこおにぎり …… 18
もつ鍋風キャベツ豚汁＋明太バターおにぎり …… 20
カレー豚汁＋紅しょうがごまおにぎり …… 22

＼バリエが楽しい！／ 満腹おにぎり＋みそ汁

おかずおにぎり

お弁当おにぎり
そぼろ弁当おにぎり＋なめこと豆腐のみそ汁 …… 46
のり弁おにぎり＋厚揚げと豆苗のみそ汁 …… 47

巻き巻きおにぎり
えびフライ巻きおにぎり＋セロリとトマトのみそ汁 …… 50
ちくわ納豆巻きおにぎり＋里いもと切り干し大根のみそ汁 …… 51

サンドおにぎり
さばサンドおにぎり＋じゃがいもとコーンのみそ汁 …… 54
鶏たまサンドおにぎり＋焼きピーマンとひじきのみそ汁 …… 55

おにぎりピカタ

ナシゴレンおにぎりピカタ＋いんげんとパプリカのみそ汁 …… 56
おかかチーズおにぎりピカタ＋ブロッコリーとハムのみそ汁 …… 58

＼気分が上がる！／ ごちそうスープ＋おにぎり

チキンスープカレー＋塩ナッツおにぎり …… 84
パプリカチキン＋コーンバターおにぎり …… 85
鮭クリームシチュー＋パセリバターおにぎり …… 88
ビーフストロガノフ＋クリームチーズおにぎり …… 89
和風ミネストローネ＋青のりチーズおにぎり …… 92
肉吸い＋しっとりのりむすび …… 93
ユッケジャン＋黒ごまおにぎり …… 96
タッカンマリ＋にらしょうゆおにぎり …… 97
トムヤムクン＋香菜ごまおにぎり …… 100
タイ風卵焼きスープ＋じゃこバジルおにぎり …… 101

麻婆豚汁＋ザーサイ香菜おにぎり……24
きのこ豚汁＋すじこ納豆おにぎり……26
担担風豚汁＋高菜おかかおにぎり……28
キムチ豚汁＋韓国のりチーズおにぎり……30

＼野菜たっぷり！／ 満腹みそ汁＋おにぎり

さつま汁＋ダブル昆布おにぎり……32
鶏だんご汁＋のり×のりおにぎり……34
ベーコントマトみそ汁＋ツナマヨマスタードおにぎり……36
船場汁風みそ汁＋きんぴらおにぎり……38
ほうとう風みそ汁＋ゆかりじゃこおにぎり……40
呉汁風みそ汁＋揚げ玉おにぎり……42

焼きチーズおにぎり

ツナカレー焼きチーズおにぎり＋揚げなすとしめじのみそ汁……60
しそハム焼きチーズおにぎり＋キャベツと油揚げのみそ汁……62

肉巻きおにぎり

牛肉巻きおにぎり＋アボカドと玉ねぎのみそ汁……64
豚肉巻きおにぎり＋レタスとねぎのみそ汁……66

ゴロゴロ肉おにぎり

鶏めしおにぎり＋わかめとほうれん草のみそ汁……68
ルーロー飯おにぎり＋青梗菜とエリンギのみそ汁……70

韓国風おにぎり

チュモッパ＋あさりとズッキーニのみそ汁……72
ビビンバおにぎり＋キムチとえのきのみそ汁……74

酢飯おにぎり

いなりおにぎり＋オクラと溶き卵のみそ汁……76
ちらし寿司おにぎり＋豆腐とのりのみそ汁……78

旬を楽しむ四季弁当

春 新じゃがとアスパラのみそ汁＋たけのこおにぎり……80
夏 さば缶の簡単冷や汁＋さっぱり枝豆おにぎり……80
秋 まいたけとれんこんのみそ汁＋さんまおにぎり……81
冬 粕汁＋かきおにぎり……81

おこわおにぎり弁当

梅昆布おこわおにぎり＋ひき肉とろろ汁……104
中華おこわおにぎり＋しじみと豆苗のスープ……104
五目おこわおにぎり＋鶏と小松菜のすまし汁……105
煮豆おこわおにぎり＋けんちん汁……105

お弁当作りをラクにするアイディア

① おにぎりの具材は作りおきが便利！……108
鮭フレーク／のりのつくだ煮／きんぴらごぼう／肉そぼろ／卵そぼろ／甘辛おかか／カリカリパン粉
② みそ汁は「だし食材」でだしいらず！……111
③ 市販の冷凍野菜で効率よく……111
④ 汁ものは小さめのフライパンで……111

食材で選ぶ みそ汁&スープ INDEX

肉

豚肉

王道豚汁……16

甘め豚汁……18

もつ鍋風キャベツ豚汁……20

カレー豚汁……22

麻婆豚汁……24

鶏肉

タッカンマリ……97

鶏と小松菜のすまし汁……105

牛肉

ビーフストロガノフ……89

肉吸い……93

ユッケジャン……96

ベーコン・ハム

ベーコントマトみそ汁……36

ブロッコリーとハムのみそ汁……59

和風ミネストローネ……92

魚介類

船場汁風みそ汁……38

豆腐とのりのみそ汁……79

けんちん汁……105

卵

オクラと溶き卵のみそ汁……77

タイ風卵焼きスープ……101

野菜・海藻・きのこ

セロリとトマトのみそ汁……50

里いもと切り干し大根のみそ汁……51

じゃがいもとコーンのみそ汁……54

焼きピーマンとひじきのみそ汁……55

豚肉

きのこ豚汁…… 26

担担風豚汁…… 28

キムチ豚汁…… 30

粕汁…… 81

ひき肉とろろ汁…… 104

鶏肉

さつま汁…… 32

鶏だんご汁…… 34

ほうとう風みそ汁…… 40

チキンスープカレー…… 84

パプリカチキン…… 85

あさりとズッキーニのみそ汁…… 73

さば缶の簡単冷や汁…… 80

鮭クリームシチュー…… 88

トムヤムクン…… 100

しじみと豆苗のスープ…… 104

豆腐・大豆製品

呉汁風みそ汁…… 42

なめこと豆腐のみそ汁…… 46

厚揚げと豆苗のみそ汁…… 47

キャベツと油揚げのみそ汁…… 63

いんげんとパプリカのみそ汁…… 57

揚げなすとしめじのみそ汁…… 61

アボカドと玉ねぎのみそ汁…… 65

レタスとねぎのみそ汁…… 67

わかめとほうれん草のみそ汁…… 69

青梗菜とエリンギのみそ汁…… 71

キムチとえのきのみそ汁…… 75

新じゃがとアスパラのみそ汁…… 80

まいたけとれんこんのみそ汁…… 81

スタイルで選ぶ おにぎり INDEX

シンプルおにぎり

塩むすび……17

しっとりのりむすび……93

具入りおにぎり

鮭たらこおにぎり……18

明太バターおにぎり……20

すじこ納豆おにぎり……26

揚げ玉おにぎり……42

鶏めしおにぎり……68

ルーロー飯おにぎり……70

チュモッパ……72

ビビンバおにぎり……74

いなりおにぎり……76

ちらし寿司おにぎり……78

たけのこおにぎり……80

さっぱり枝豆おにぎり……80

さんまおにぎり……81

具だくさんおにぎり

そぼろ弁当おにぎり……46

のり弁おにぎり……47

えびフライ巻きおにぎり……50

ちくわ納豆巻きおにぎり……51

さばサンドおにぎり……54

鶏たまサンドおにぎり……55

変わり焼きおにぎり

ナシゴレンおにぎりピカタ……56

おかかチーズおにぎりピカタ……58

のり×のりおにぎり……34

ツナマヨマスタードおにぎり……36

混ぜご飯おにぎり

紅しょうがごまおにぎり……22

ザーサイ香菜おにぎり……24

高菜おかかおにぎり……28

韓国のりチーズおにぎり……30

ダブル昆布おにぎり……32

きんぴらおにぎり……38

ゆかりじゃこおにぎり……40

かきおにぎり……81

塩ナッツおにぎり……84

コーンバターおにぎり……85

パセリバターおにぎり……88

クリームチーズおにぎり……89

青のりチーズおにぎり……92

黒ごまおにぎり……96

にらしょうゆおにぎり……97

香菜ごまおにぎり……100

じゃこバジルおにぎり……101

ツナカレー焼きチーズおにぎり……60

しそハム焼きチーズおにぎり……62

牛肉巻きおにぎり……64

豚肉巻きおにぎり……66

おこわおにぎり

梅昆布おこわおにぎり……104

中華おこわおにぎり……104

五目おこわおにぎり……105

煮豆おこわおにぎり……105

朝ラク！お弁当作りの段取り

お弁当作りで重要なのは、なんといっても段取りです。おにぎり、汁ものの順に作れば、ほぼ10分で完成します。お弁当初心者にもおすすめです！

本書ではすべて300mℓサイズを使用

スープジャーの5大メリット!

- 熱々の状態をキープできる
- 密閉構造なので汁もれしない
- 調理時間を短縮できる
- 味がしみておいしくなる
- お弁当のバリエが広がる

① スープジャーを予熱

スープジャーに熱湯を凸部(内側に出っ張った部分)より約1cm下まで入れ、ふたをして温めておく。

② おにぎりを準備

先におにぎりを作る。前もって具材を準備しておくとスムーズ。ラップでにぎると、手間もかからず衛生的。

にぎるときに使ったラップをはずし、皿などにのせて粗熱を取る。ここで蒸気をきちんと逃がすのがポイント。

持って行くときは

ラップをはずさずに持って行くと、蒸れてベチャッとしてしまいます。また、食中毒の原因になることもあります。おにぎりは冷ましてから、クシャッとして凹凸をつけたアルミホイルで包むのがおすすめです。

おすすめアイテム

おにぎり専用の吸湿性のあるホイルや、にぎってそのまま持って行けるシートなども便利。

③ 汁ものを準備

おにぎりを冷ましている間に、汁もの作り。煮立てるだけだから早い!

スープジャーの湯を捨て、熱いうちに汁ものを入れてふたを閉める。

汁はここまで

凸部より約1cm下

入れすぎると汁もれの原因に。レシピの写真では具材が見えやすいように、あえて多めに盛りつけています。

おにぎりがおいしくなるご飯の炊き方

おにぎりのおいしさを決めるのは、やっぱり**ご飯**！

この機会に、いつもの炊飯方法をちょっと見直してみませんか？　一粒一粒がつやっと輝く、ふっくらご飯の炊き方をマスターしましょう。

米の計量について　米はできればキッチンスケールで量る。米1合は150gで、約330gのご飯（おにぎり3～4個分）が炊ける。米用の計量カップを使う場合は、きちんとすりきって。

1

洗う

水を張ったボウルに米を一気に入れる。軽くひと回しして洗い、米の表面の汚れを取って水を捨てる。

米は水に触れた瞬間から吸水し始めるので、汚れた水につけている時間をできるだけ短くしましょう。

2

とぐ

ソフトボールをにぎるように指先を開き、水けをきった状態でシャカシャカと大きく回して米同士をこすり合わせるようにとぐ。回数の目安は10～20回。

白米の外側にある糠をはがすイメージ。力を強く入れる必要はありません。

3

すすぐ

ボウルに水を注ぎ、米が流れないように手で押さえながら、にごった水を捨てる。同様に「とぐ」→「すすぐ」をあと2回繰り返す。

「水が完全に透明になるまですすがなきゃ」と思いがちですが、そこまでやるとすすぎすぎです。

4

ざるに上げる

最後にもう一度、水を注ぐ。米がうっすらと透ける程度に白くにごった状態でOK。にごった水を捨て、米をざるに上げる。20～30秒ほどおいて水けをきる。

ざるに上げた米を放置すると、乾燥して割れやすくなるので注意して。

5

炊く

米を炊飯器の内釜に移し、目盛りまで水を入れてすぐに炊く。多くの炊飯器には浸水の行程が組み込まれているので、事前の浸水は不要。

鍋炊きの場合は、30分～1時間を目安に浸水させます。水温が低いほど米がしっかりと吸水するので、冷蔵庫に2時間ぐらい入れておくとベストです。

6

ほぐす

ご飯が炊けてアラームが鳴ったら、余分な水分を飛ばすため、できるだけ早くしゃもじでご飯に十文字の切れ込みを入れ、ブロックごとに底からひっくり返すようにほぐす。

すぐに水分を飛ばすことで、口の中でほどける粒の立ったご飯に！

この本のルールと注意事項

レシピについて

- 材料は基本的に1人分です。
- 本文中で表示した1カップは200mℓ、大さじ1は15mℓ、小さじ1は5mℓです。
- 電子レンジの加熱時間は600Wを基準にしています。500Wの場合は1.2倍、700Wの場合は0.8倍を目安に加熱してください。機種によって加熱時間が異なりますので、様子をみながら加減してください。
- 特に指定がない場合は、みそは信州みそ、塩は自然塩、しょうゆは濃い口しょうゆ、みりんは本みりん、酒は清酒、砂糖はきび糖を使用しています。
- 米油を使っているレシピは、お手持ちの食用油でかまいません。
- しょうがやにんにくのすりおろしはチューブでもかまいません。
- 野菜やきのこは特に記載のない場合は洗う、皮をむく、へたや筋、種を取る、根元や石づき、軸を切るなどの下ごしらえをすませてからの手順を説明しています。
- 調理時間は目安です。様子をみて調理してください。

おにぎりについて

- おにぎりは完全に冷ましてから、アルミホイルなどに包んだり、お弁当箱に詰めたりしてください。
- 暑い時期や湿度の高い時期、暖かい室内に置いておく場合は、保冷バッグや保冷剤を使ってください。
- おにぎりの具材を作りおきする場合は、清潔な密閉容器に入れて保存してください。
- おにぎりは必ず当日の朝に作ってください。

スープジャーについて

- スープジャーは、すべて300mℓサイズを使用しています。
- 付属の取扱説明書に従って、入れる食材や分量、取り扱い方法を守り、正しく使用してください。
- スープジャーに入れた汁ものは、熱いものも冷たいものも6時間を目安に食べきるようにしてください。
- スープジャーに入れる分量は、凸部の約1cm下までです。レシピページの写真では具材が分かりやすいように、あえて凸部を超えて盛りつけ、撮影しています。

〈ジャーに入れてはいけないもの〉

- 生もの(加熱していない肉、魚介類、乳製品、卵)など、腐敗しやすいもの。
- 炭酸飲料・ドライアイスなど、ジャー内部に圧力がかかり、破損の原因になるもの。

〈使い方の注意〉

- 電子レンジで加熱しない。
- 直火にかけない。
- 冷凍庫に入れない。
- 直射日光があたる場所に長時間放置しない。

豚汁＋おにぎり

やっぱり最強！

王道豚汁
材料と作り方▼P.16

塩むすび
材料と作り方▼P.17

驚くほど短時間でできる！

王道豚汁

（基本の豚汁の作り方）

スープジャーを使うと、さっと煮るだけで長時間かけて煮込んだような豚汁に。本書で紹介する汁ものは、ほぼ同じように作れます。

材料（1人分）

豚こま切れ肉……30g
ごぼう……20g
大根……20g
にんじん……10g
玉ねぎ……1/8個
煮干し（頭とワタを取る）
……1尾分
水……1カップ
みそ……大さじ1

作り方

①

豚肉は1cm幅に切る。ごぼうは斜め薄切りにする。大根、にんじんは5mm幅のいちょう切りにする。玉ねぎは繊維を断つように薄切りにする。

● 豚肉は30g（1回分）ずつ冷凍しておき、野菜は前日に切っておくとラク。

②

小さめのフライパンにみそ以外のすべての材料を入れる。

● 口径約16cmのフライパン（P.111参照）、または小鍋がおすすめです。

③

中火にかけ、煮立ったらアクを取る。肉に火が通ったらみそを溶き入れ、予熱したスープジャーに移す。

● スープジャーの中で食材にじんわりと火が入るので、この時点で野菜は硬めでOK。ただし、肉は火が通るまで加熱しましょう。他の汁ものも同様です。

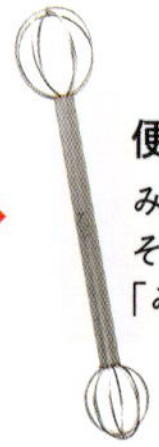

便利アイテム

みそ約大さじ1を計量してそのまま溶かせる「みそマドラー」が便利。

煮干しの頭とワタの取り方

頭を取り（写真右）、身を半分に開いてワタを取り（写真左）、大きければ長さを半分に割る。

口の中でほろりとほぐれる

塩むすび

（基本のおにぎりの作り方）

具がたっぷり入った豚汁には、シンプルな塩むすびがおすすめ！ご飯の分量やおにぎりの大きさは、食べる人に合わせましょう。

材料（1人分／2個）

温かいご飯……どんぶり1杯分（200g）

塩……適量

作り方

1

まな板にラップを広げ、塩少々をふる。おにぎり1個分のご飯（100g）をのせ、塩少々をふる。

混ぜご飯のときは

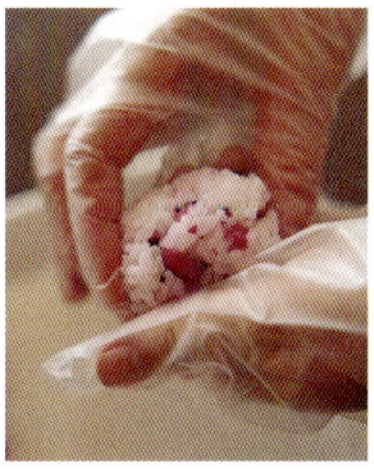

ポリエチレンの使いきり手袋を使うと、にぎりやすく、食中毒の予防にもなる。

具材を入れるときは

ご飯（50g）をのせ、中央を少しくぼませて具材をおき、ご飯（50g）をのせる。

2

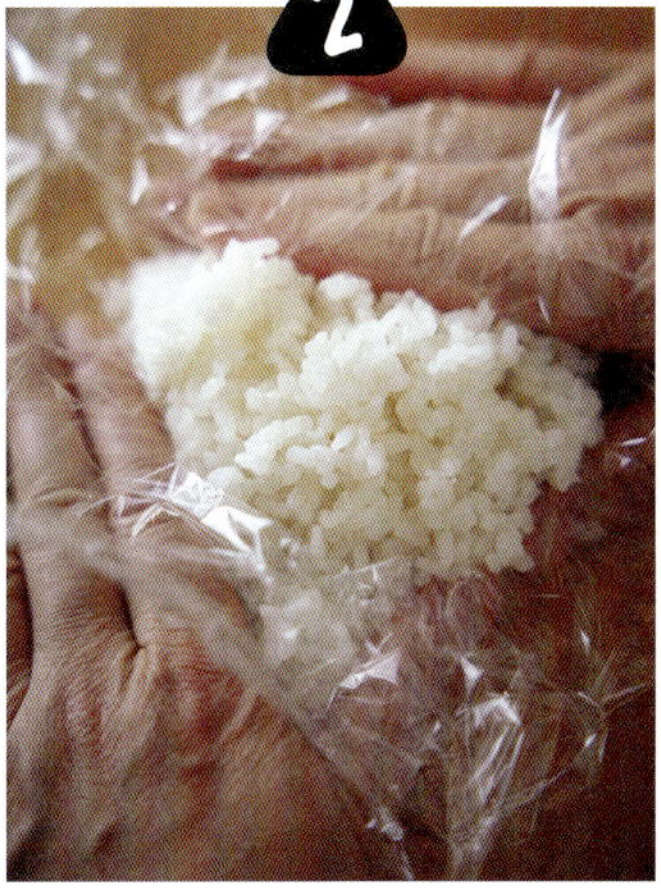

ラップを中央に寄せ、まな板の上でご飯を軽く三角形に整える。

◎形を整えておくとにぎりやすい！

3

ラップで包み、指で角度をつけて回転させながら三角形ににぎる。残りも同様に作る。

◎好みでのりを巻きます。食べる直前に巻いてパリパリ食感を楽しんでも。

おにぎりの形バリエ

俵形

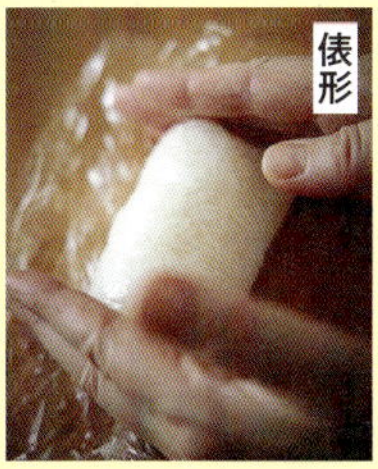

ラップにご飯を筒状に整えて包み、両端を押さえる。上下を挟むように指を添え、回転させながらにぎる。

平たい丸形

ラップにご飯を丸形に整えて包み、指を丸くして添え、回転させながらにぎる。

丸形

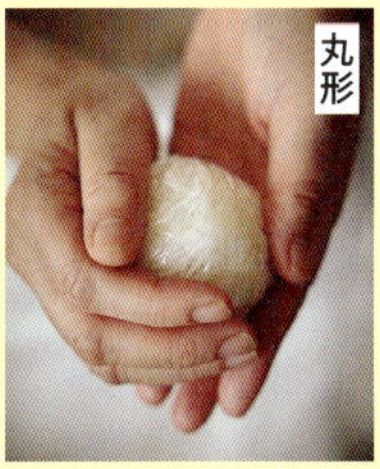

ラップにご飯を丸形に整えて包み、両手でボール状ににぎる。

鮭たらこおにぎり

人気の具材が一度に楽しめます

材料（1人分／2個）

温かいご飯……どんぶり1杯分（200g）

A
- 鮭フレーク（P.108参照）……大さじ2（20g）
- たらこ（ほぐす）……10g

塩……適量

焼きのり……適量

作り方

1. 小さめの器にAを入れて混ぜ合わせる。
2. まな板にラップを広げ、塩少々をふる。ご飯（50g）をのせ、中央を少しくぼませて1の1/2量をおき、ご飯（50g）をのせて塩少々をふる。三角形ににぎり、のりを巻く。残りも同様に作る。食べるまでの温度管理には特に気をつける。

memo

鮭フレークは、作りおきが断然おすすめ。電子レンジで簡単に作れます。

甘め豚汁

ほっと安心する味わいはリピート確定！

材料（1人分）

豚こま切れ肉……30g

さつまいも……50g

玉ねぎ……1/8個

冷凍コーン……20g

煮干し（頭とワタを取る）……1尾分

水……1カップ

みそ……大さじ1

作り方

1. 豚肉は1cm幅に切る。さつまいもは1cm幅の半月切り（または輪切り）にする。玉ねぎは縦に薄切りにする。
2. 小さめのフライパンにみそ以外のすべての材料を入れる。中火にかけ、煮立ったらアクを取り、みそを溶き入れてジャーに移す。

交互に食べたくなる
甘さと塩けの最強タッグ

明太バターおにぎり

明太子をバターで焼いて抜群の風味に

材料（1人分／2個）

温かいご飯……どんぶり1杯分（200g）
バター……5g
辛子明太子……30g
塩……適量
焼きのり……適量

作り方

1 フライパンにバターを弱火で熱し、明太子を入れて転がしながら3分ほど焼き、半分に切る。

2 まな板にラップを広げ、塩少々をふる。ご飯（50g）をのせ、中央を少しくぼませて**1**を1切れおき、ご飯（50g）をのせて塩少々をふる。三角形ににぎり、のりを巻く。残りも同様に作る。

memo

辛子明太子やたらこは小分け冷凍が便利。10～15g（おにぎり1個分）ずつ切り分け、バットに並べて一度凍らせてから、容器に入れて冷凍庫で保存して。

もつ鍋風キャベツ豚汁

ジャーの中でキャベツが甘～く変化します

材料（1人分）

豚バラ薄切り肉……30g
キャベツ……50g
にら……1本
にんにく……1/4かけ
削り節……1/2袋（1g）
水……1カップ
みそ……大さじ1
白すりごま……適量
ラー油（好みで）……適量

作り方

① 豚肉は2cm幅に切る。キャベツは2cm幅の細切りにする。にらは3cm長さに切る。にんにくは薄切りにする。

② 小さめのフライパンにみそ、白ごま、ラー油以外のすべての材料を入れる。中火にかけ、煮立ったらアクを取り、みそを溶き入れてジャーに移す。白ごまをふり、好みでラー油をたらす。

パンチのきいた博多の味を組み合わせて

紅しょうがごまおにぎり

紅しょうがの底力を実感するはず！

材料（1人分／2個）

温かいご飯……どんぶり1杯分（200g）
紅しょうが……20g
白いりごま……小さじ1

作り方

ボウルにすべての材料を入れて混ぜ合わせる。2等分にし、丸形ににぎる。

カレー豚汁

牛乳と粉チーズで濃厚に仕上げて

材料（1人分）

豚こま切れ肉……30g
じゃがいも……小1個（100g）
冷凍さやいんげん……1本
玉ねぎ……1/8個
煮干し（頭とワタを取る）……1尾分
カレー粉……小さじ1/2
粉チーズ……小さじ1
水……3/4カップ
牛乳……1/4カップ
みそ……大さじ1

作り方

① 豚肉は1cm幅に切る。じゃがいもは小さめの一口大に切る。いんげんは斜めに3～4cm長さに切る。玉ねぎは縦に薄切りにする。

② 小さめのフライパンに牛乳、みそ以外のすべての材料を入れる。中火にかけ、煮立ったらアクを取り、牛乳を加える。ひと煮立ちしたらみそを溶き入れ、ジャーに移す。

コクうま豚汁＆さっぱりおにぎり。
このコンビは無敵です！

ザーサイ香菜おにぎり

いつもは脇役のザーサイが大活躍

材料（1人分／2個）

温かいご飯……どんぶり1杯分（200g）
味つきザーサイ……20g
香菜……1本

作り方

1. ザーサイは細切りにする。香菜は粗みじんに切る。
2. ボウルにすべての材料を入れて混ぜ合わせる。2等分にし、三角形ににぎる。

麻婆豚汁

ふるっとやわらかな豆腐入りピリ辛豚汁

材料（1人分）

干ししいたけ……小1個
ごま油……小さじ1
豚ひき肉……50g
A ｜長ねぎ（みじん切り）……10g
　｜しょうが（すりおろす）……1/2かけ分
　｜豆板醤……小さじ1/2
水……1カップ
絹ごし豆腐……50g
みそ……大さじ1

作り方

1. しいたけは手で半分に割る。
2. 小さめのフライパンにごま油を中火で熱し、ひき肉を炒める。肉の脂が透明になったら**A**を加えて炒め、香りが立ったら水、しいたけを入れ、豆腐を一口大にちぎって加える。
3. 煮立ったらアクを取り、みそを溶き入れてジャーに移す。

町中華の絶品定食を
食べているような満足感

すじこ納豆おにぎり

青森県に伝わるやみつきの味

材料（1人分／2個）

温かいご飯……どんぶり1杯分（200g）

A
- すじこ（ほぐす）……10g
- ひきわり納豆……小さじ2

塩……適量

焼きのり……適量

作り方

1. 小さめの器に**A**を入れて混ぜ合わせる。
2. まな板にラップを広げ、塩少々をふる。ご飯（50g）をのせ、中央を少しくぼませて**1**の1/2量をおき、ご飯（50g）をのせて塩少々をふる。丸形ににぎり、のりを巻く。残りも同様に作る。食べるまでの温度管理には特に気をつける。

memo

すじこも辛子明太子と同様に（P.20参照）小分け冷凍できます。

きのこ豚汁

きのこ3種のうまみがすごい！

材料（1人分）

まいたけ……30g

えのきだけ……20g

なめこ……1/2袋（50g）

豚ひき肉……30g

ちりめんじゃこ……大さじ1

水……1カップ

みそ……大さじ1

作り方

1. まいたけはほぐす。えのきだけは2～3cm長さに切る。
2. 小さめのフライパンにみそ以外のすべての材料を入れる。中火にかけ、煮立ったらアクを取り、みそを溶き入れてジャーに移す。

しみじみおいしい
和の決定版

高菜おかかおにぎり

酸っぱ辛い高菜炒めを混ぜ込んで

材料（1人分／2個）

温かいご飯……どんぶり1杯分（200g）
高菜の油炒め（市販）……20g
削り節……1/2袋（1g）

作り方

ボウルにすべての材料を入れて混ぜ合わせる。2等分にし、俵形ににぎる。

担担風豚汁

豆乳だから出せる自然なまろやかさ

材料（1人分）

豚バラ薄切り肉……30g
しめじ……1/4パック（25g）
もやし……1/4袋（50g）
長ねぎ……2cm
削り節……1/2袋（1g）
白すりごま……適量
水……3/4カップ
豆乳（成分無調整）……1/4カップ
みそ……大さじ1
ラー油（好みで）……適量

作り方

① 豚肉は2cm幅に切る。しめじはほぐす。もやしはひげ根を取る。長ねぎは斜め薄切りにする。

② 小さめのフライパンに豆乳、みそ、ラー油以外のすべての材料を入れる。中火にかけ、煮立ったらアクを取り、豆乳を加える。ひと煮立ちしたらみそを溶き入れ、ジャーに移す。好みでラー油をたらす。

濃厚な豚汁には
酸味のある高菜がよく合う

韓国のりチーズおにぎり

一度食べたらくせになる魅惑の味

材料（1人分／2個）

温かいご飯……どんぶり1杯分（200g）
粉チーズ……大さじ1
韓国のり（8つ切り）……8枚

作り方

ボウルにご飯、粉チーズを入れ、韓国のりをちぎり入れて混ぜ合わせる。2等分にし、丸形ににぎる。

キムチ豚汁

冷凍揚げなすでコクがアップ！

材料（1人分）

豚バラ薄切り肉……30g
白菜キムチ……50g
冷凍揚げなす……4個
煮干し（頭とワタを取る）……1尾分
水……1カップ
ごま油……小さじ1
みそ……大さじ1
白いりごま……大さじ1

作り方

① 豚肉は2cm幅に切る。キムチは粗く刻む。

② 小さめのフライパンにみそ、白ごま以外のすべての材料を入れる。中火にかけ、煮立ったらアクを取る。みそを溶き入れてジャーに移し、白ごまをふる。

韓国気分を手軽に味わえるセット

ダブル昆布おにぎり

2種類の昆布でうまさ倍増!

材料（1人分／2個）

温かいご飯……どんぶり1杯分（200g）
塩昆布……8g
とろろ昆布……4g

作り方

1. ボウルにご飯、塩昆布を入れて混ぜ合わせる。
2. 2等分にして三角形ににぎり、とろろ昆布を全体にまぶす。

さつま汁

鶏肉からじんわりとだしが出ます

材料（1人分）

鶏もも肉……50g
さつまいも……40g
にんじん……20g
油揚げ……¼枚
干ししいたけ……小1個
煮干し（頭とワタを取る）……1尾分
水……1カップ
みそ……大さじ1

作り方

1. 鶏肉は小さめの一口大に切る。さつまいも、にんじん、油揚げは1cm角に切る。しいたけは手で半分に割る。
2. 小さめのフライパンにみそ以外のすべての材料を入れる。中火にかけ、煮立ったらアクを取り、みそを溶き入れてジャーに移す。

不足しがちな野菜&海藻をチャージ

のり×のりおにぎり

のりのつくだ煮は手作りがおすすめ

材料（1人分／2個）

温かいご飯……どんぶり1杯分（200g）
塩……適量
のりのつくだ煮（P.108参照）……20g
焼きのり……適量

作り方

まな板にラップを広げ、塩少々をふる。ご飯（50g）をのせ、中央を少しくぼませてのりのつくだ煮1/2量をおき、ご飯（50g）をのせて塩少々をふる。丸形ににぎり、のりを巻く。残りも同様に作る。

memo

のりのつくだ煮は市販品でもOKですが、焼きのりとめんつゆで簡単にできるので、ぜひお試しを。

鶏だんご汁

鶏だんごは丸めなくてOK!

材料（1人分）

A
- 鶏ひき肉……50g
- 片栗粉……小さじ1/2
- 塩……少々

白菜……1枚（50g）
長ねぎ……1/3本
削り節……1/2袋（1g）
水……1カップ
みそ……大さじ1
ゆずこしょう（好みで）……少々

作り方

① 小さめの器に**A**を入れて混ぜ合わせる。白菜は4cm幅に切る。長ねぎは斜め薄切りにする。

② 小さめのフライパンに白菜、長ねぎ、削り節、水を入れる。中火にかけ、煮立ったら**A**を1/3量ずつスプーンですくって落とし入れる。

③ 鶏だんごに火が通ったらアクを取り、みそを溶き入れる。好みでゆずこしょうを加え、ジャーに移す。

体があったまる
鶏だんご鍋をジャーで

ツナマヨマスタードおにぎり

マスタードが味の引き締め役

材料（1人分／2個）

温かいご飯……どんぶり1杯分（200g）

A
- ツナオイル漬け（缶詰）……20g
- マヨネーズ……小さじ2
- マスタード……小さじ1/2

塩……適量

焼きのり……適量

作り方

1. ツナは缶汁をしっかりきり、**A**の残りの材料を加えて混ぜ合わせる。
2. まな板にラップを広げ、塩少々をふる。ご飯（50g）をのせ、中央を少しくぼませて**1**の1/2量をおき、ご飯（50g）をのせて塩少々をふる。三角形ににぎり、のりを巻く。残りも同様に作る。

ベーコントマトみそ汁

ベーコン&トマトがうまみの素に

材料（1人分）

ベーコン……1枚

玉ねぎ……1/8個

オリーブオイル……小さじ1

にんにく（薄切り）……2枚

ミニトマト……3個

煮干し（頭とワタを取る）……1尾分

水……1カップ

みそ……大さじ1

作り方

1. ベーコンは細切りにする。玉ねぎは縦に薄切りにする。
2. 小さめのフライパンにオリーブオイル、にんにく、ベーコン、玉ねぎを入れ、中火で炒める。香りが立ったらミニトマト、煮干し、水を加える。煮立ったらアクを取り、みそを溶き入れてジャーに移す。

洋風みそ汁も
ひと味違って新鮮！

きんぴらおにぎり

定番の甘辛い味わいにほっとする

材料（1人分／2個）

温かいご飯……どんぶり1杯分（200g）
きんぴらごぼう（P.109参照）……25g
焼きのり……適量

作り方

ボウルにご飯、きんぴらごぼうを入れて混ぜ合わせる。2等分にして俵形ににぎり、のりを巻く。

memo

常備菜の定番・きんぴらごぼうは、おにぎりの具材としても重宝します。

船場汁風みそ汁

大阪発祥の船場汁を手軽にアレンジ

材料（1人分）

大根……50g
にんじん……25g
長ねぎ……25g
さば水煮（缶詰）……50g
さば水煮の缶汁……大さじ1
昆布（2×2cm四方）……1枚
水……1/2カップ
みそ……大さじ1

作り方

① 大根、にんじんは5mm幅のいちょう切りにする。長ねぎは1cm幅に切る。

② 小さめのフライパンにみそ以外のすべての材料を入れる。中火にかけ、煮立ったらアクを取り、みそを溶き入れてジャーに移す。

「缶詰と常備菜があれば
あっという間！」

ゆかりじゃこおにぎり

ゆかりのほどよい酸味で口の中さっぱり

材料（1人分／2個）

温かいご飯……どんぶり1杯分(200g)
ちりめんじゃこ……大さじ1
ゆかり……小さじ1

作り方

ボウルにすべての材料を入れて混ぜ合わせる。2等分にし、丸形ににぎる。

ほうとう風みそ汁

うどんなしでも満足感あり！

材料（1人分）

鶏ささ身……1本(60g)
しめじ……1/4パック(25g)
玉ねぎ……1/8個
冷凍かぼちゃ……2切れ(50g)
削り節……1/2袋(1g)
水……1カップ
みそ……大さじ1

作り方

① ささ身は一口大に薄くそぎ切る。しめじはほぐす。玉ねぎは繊維を断つように5㎜幅に切る。

② 小さめのフライパンにみそ以外のすべての材料を入れる。中火にかけ、煮立ったらアクを取り、みそを溶き入れてジャーに移す。

飽きのこない絶妙なコンビネーション

揚げ玉おにぎり

揚げ玉とめんつゆでわんぱくな味に

材料（1人分／2個）

温かいご飯……どんぶり1杯分（200g）
揚げ玉……大さじ2
めんつゆ（3倍濃縮）……大さじ1
桜えび（乾燥）……大さじ1
青ねぎ（小口切り）……大さじ1

作り方

1. ボウルに揚げ玉を入れ、めんつゆをふりかけてなじませる。
2. 1に残りの材料を加えて混ぜ合わせる。2等分にし、俵形ににぎる。

呉汁風みそ汁

大豆をすりつぶして作る呉汁を手軽に

材料（1人分）

蒸し大豆……50g
にんじん……30g
ごぼう……20g
こんにゃく……30g
削り節……1/2袋（1g）
水……3/4カップ
豆乳（成分無調整）……1/4カップ
みそ……大さじ1

作り方

1. ポリ袋に大豆を入れ、めん棒などでたたいてつぶす。にんじんは1cm角に切る。ごぼうは縦半分に切ってから1cm幅に切る。こんにゃくはスプーンで小さめの一口大に切る。
2. 小さめのフライパンに豆乳、みそ以外のすべての材料を入れる。中火にかけ、煮立ったらアクを取り、豆乳を加える。ひと煮立ちしたらみそを溶き入れ、ジャーに移す。

高たんぱくみそ汁&やみつきおにぎりでガッツリ飯

おかずおにぎり

お弁当おにぎり

人気のお弁当を焼きのりで包み込み、
ワンハンドで食べられるおにぎりに。
大きさは通常のおにぎりのなんと２倍。
いろいろな味が次々と出てくる
ワクワク感がたまりません！

原寸大

P.46-47共通の作り方

1

のりの角が手前になるようにおき、中心にご飯1/2量をのせ、三角形に広げる。

2

ご飯の少し内側に具材を並べ、残りのご飯をのせる。

3

のりの4つの角を持ち上げ、中心で重ねて全体を包む。

● ご飯がはみ出したところには、のりが重なっている部分を少しちぎって貼りつけて。

4

両手でご飯を押さえながら三角形に形を整え、合わせ目を下にしてしばらくのりをなじませる。

お弁当おにぎり

そぼろ弁当おにぎり

甘めのそぼろがご飯になじんでおいしい！

材料（1人分／1個）

温かいご飯……どんぶり1杯分強（220g）
焼きのり（全形）……1枚

具材

- 冷凍さやいんげん……2本
- 肉そぼろ（P.109参照）……15g
- 卵そぼろ（P.109参照）……10g
- 紅しょうが……10g

作り方

1 いんげんは塩少々（材料外）をふって自然解凍し、斜めに1cm幅に切り、水けをしっかり絞る。

2 P.45「共通の作り方」を参照し、ご飯の上にいんげん、肉そぼろ、卵そぼろを均等に並べ、紅しょうがを真ん中にのせる。ご飯をのせてのりで包み、形を整える。

＋ なめこと豆腐のみそ汁

つるんとした口当たりが魅力

作り方

1 長ねぎは1cm幅に切る。

2 小さめのフライパンに豆腐を一口大にちぎり入れ、みそ以外のすべての材料を加える。中火にかけ、煮立ったらみそを溶き入れ、ジャーに移す。

材料（1人分）

長ねぎ……3cm
絹ごし豆腐……100g
なめこ……1/2袋（50g）
煮干し（頭とワタを取る）……1尾分
水……1カップ
みそ……大さじ1

のり弁おにぎり

ご飯の中にのり弁の定番おかずがぎっしり

材料（1人分／1個）

温かいご飯……どんぶり1杯分強（220g）
焼きのり（全形）……1枚

具材

- 甘辛おかか（P.110参照）……小さじ1
- 塩昆布……小さじ1
- きんぴらごぼう（P.109参照）……20g
- ちくわの磯辺揚げ（市販）……小1個
- 白身魚フライ（市販）……小1個
- しば漬け……2切れ

作り方

P.45「共通の作り方」を参照し、ご飯の上に甘辛おかか、塩昆布を広げ、きんぴら、ちくわ、白身魚をのせ、すき間にしば漬けを入れる。ご飯をのせてのりで包み、形を整える。

＋ 厚揚げと豆苗のみそ汁

意外にも豆苗からいいだしが出ます

材料（1人分）

厚揚げ……100g
豆苗……30g
煮干し（頭とワタを取る）……1尾分
水……1カップ
みそ……大さじ1

作り方

1 厚揚げは1.5cm角に切る。豆苗は2cm長さに切る。

2 小さめのフライパンにみそ以外のすべての材料を入れる。中火にかけ、煮立ったらみそを溶き入れ、ジャーに移す。

おかずおにぎり

巻き巻きおにぎり

ご飯と相性抜群のおかずや
食材をそのままのせて
くるくるっと巻くスタイル。
おにぎりをにぎるのが苦手な人でも
これなら簡単&スピーディ。

原寸大

P.50-51共通の作り方

半分に切ったのりを縦長におき、ご飯をのせて向こう側を3cmあけて広げる。

ご飯の真ん中に具材を重ねてのせる。

具を指で押さえながら、手前から持ち上げる。

ご飯の端と端を合わせるように巻き、巻き終わりを下にしてしばらくのりをなじませる。

えびフライ巻きおにぎり

えびフライ丸ごと1本の大迫力！

材料（1人分／2本）

温かいご飯……どんぶり1杯分（200g）

焼きのり（全形）……1枚

具材

- サンチュ……2枚
- 卵そぼろ（P.109参照）……20g
- マヨネーズ……大さじ1
- えびフライ（市販）……2本

作り方

1 のりは長辺を半分に切る。サンチュはしっかりと水けをふき、食べやすい大きさに手でちぎる。卵そぼろとマヨネーズは混ぜ合わせる。

2 P.49「共通の作り方」を参照し、ご飯1/2量（100g）にサンチュ、卵そぼろマヨ、えびフライを1/2量ずつのせて巻く。残りも同様に作る。

＋ セロリとトマトのみそ汁

サラダを食べるようなさっぱり感

作り方

1　セロリは3cm×5mmの棒状に切る。

2　小さめのフライパンにみそ以外のすべての材料を入れる。中火にかけ、煮立ったらみそを溶き入れ、ジャーに移す。

材料（1人分）

セロリ……30g

ミニトマト……3個

ちりめんじゃこ……大さじ1

水……1カップ

みそ……大さじ1

ちくわ納豆巻きおにぎり

ちくわの穴に納豆を詰めると巻きやすい！

材料（1人分／2本）
温かいご飯……どんぶり1杯分(200g)
焼きのり(全形)……1枚
具材
- ちくわ……2本
- ひきわり納豆……30g
- マヨネーズ……小さじ1
- 青じそ……2枚

作り方

1. のりは長辺を半分に切る。ちくわは縦に切り込みを入れる。納豆とマヨネーズは混ぜ合わせる。

2. P.49「共通の作り方」を参照し、ご飯1/2量(100g)に青じそ1枚をおく。ちくわ1本を切り込みを上にしてのせ、納豆1/2量を詰めて巻く。残りも同様に作る。

✚ 里いもと切り干し大根のみそ汁

切り干し大根は戻さずにそのまま加えて

材料(1人分)
冷凍里いも……3個
切り干し大根(乾燥)
……5g
青ねぎ(小口切り)
……大さじ1
削り節……1/2袋(1g)
水……1カップ
みそ……大さじ1

作り方
小さめのフライパンにみそ以外のすべての材料を入れる。中火にかけ、煮立ったらみそを溶き入れ、ジャーに移す。

おかずおにぎり

サンドおにぎり

パンをご飯に置き換えて
人気のサンドイッチをおにぎりに！
普通のおにぎりと比べて
具材の量が圧倒的に多いので
食べたときの満足感が違います。

原寸大

P.54-55共通の作り方

のりの角が手前になるようにおき、中心にご飯1/2量をのせ、四角形に広げる。

ご飯に具材を重ねてのせ、残りのご飯をのせる。

のりの4つの角を持ち上げ、中心で重ねて全体を包む。

両手でご飯を押さえながら四角形に形を整える。さらにラップで全体を包んでギュッと押さえ、しばらくなじませる。

サンドおにぎり

さばサンドおにぎり

トルコの名物サンドをおにぎりで楽しむ

作り方

1 さばは魚焼きグリルで焼く。サンチュはしっかりと水けをふき、食べやすい大きさに手でちぎる。玉ねぎは縦に薄切りにする。

2 P.53「共通の作り方」を参照し、ご飯の上にサンチュ、玉ねぎ、さば、カリカリパン粉の順にのせ、ご飯をのせてのりで包み、形を整える。

材料（1人分／1個）

温かいご飯……どんぶり1杯分弱（180g）
焼きのり（全形）……1枚

具材

- 塩さば（骨なし）……小1/2切れ
- サンチュ……1枚
- 玉ねぎ……1/8個
- カリカリパン粉（P.110参照）……大さじ1

＋じゃがいもとコーンのみそ汁

牛乳を加えてやさしい味わいに

作り方

1 じゃがいもは皮つきのまま一口大に切る。

2 小さめのフライパンに牛乳、みそ以外のすべての材料を入れる。中火にかけ、煮立ったら牛乳を加える。ひと煮立ちしたらみそを溶き入れ、ジャーに移す。

材料（1人分）

じゃがいも……小1/2個（50g）
冷凍コーン……20g
煮干し（頭とワタを取る）……1尾分
水……3/4カップ
牛乳……1/4カップ
みそ……大さじ1

サンドおにぎり

鶏たまサンドおにぎり

照り焼きチキンはレンチンだから簡単！

作り方

1 鶏肉はAをもみ込む。耐熱皿に皮目を下にして入れ、ラップをふんわりとかけて電子レンジで1分加熱する。裏返してさらに1分加熱し、3等分に切る。

2 キャベツはせん切りにする。塩をふってもみ、10分ほどおいてしっかりと水けを絞り、マヨネーズであえる。

3 P.53「共通の作り方」を参照し、ご飯の上に卵そぼろ、**2**、**1**の順にのせ、ご飯をのせてのりで包み、形を整える。

材料（1人分／1個）

温かいご飯……どんぶり1杯分弱（180g）
焼きのり（全形）……1枚

具材

- 鶏もも肉……120g
- **A**
  - しょうゆ・砂糖……各大さじ1/2
  - 片栗粉……小さじ1/2
- キャベツ……50g
- 塩……少々
- マヨネーズ……大さじ1
- 卵そぼろ（P.109参照）……大さじ2

＋

焼きピーマンとひじきのみそ汁

油で焼いてピーマンの甘みを引き出して

作り方

1 ピーマンは縦に1cm幅に切る。
2 小さめのフライパンにオリーブオイル、**1**を入れて中火で熱し、返しながら焼く。色鮮やかになったら残りのみそ以外の材料を加え、煮立ったらみそを溶き入れ、ジャーに移す。

材料（1人分）

ピーマン……1個
オリーブオイル……小さじ1
ひじき（乾燥）……小さじ1
ちりめんじゃこ……大さじ1
水……1カップ
みそ……大さじ1

おにぎりピカタ

ナシゴレンおにぎりピカタ

焼きおにぎりの新ジャンル誕生！
おにぎりをピカタにしちゃいます。
ちょっと甘くてピリッと辛い
エスニックな味わいのおにぎりは
くせになること間違いなし！

☜原寸大

作り方

1 ボウルにご飯、**A**を入れて混ぜ合わせる。2等分にし、平たい丸形ににぎる。

2 フライパンに米油を中火で熱し、**1**を溶き卵にくぐらせて並べる。ふたをして1分焼いたら裏返し、さらにふたをして1分焼く。

材料（1人分／2個）

温かいご飯……どんぶり1杯分（200g）

A
- 桜えび（乾燥）……大さじ1
- フライドオニオン（市販）……大さじ1
- トマトケチャップ……大さじ$1\frac{1}{2}$
- オイスターソース……大さじ$\frac{1}{2}$
- カレー粉……小さじ$\frac{1}{3}$

溶き卵……$\frac{1}{2}$個分

米油……小さじ1

＋ いんげんとパプリカのみそ汁

野菜の彩りと歯ざわりを楽しんで

作り方

1 いんげんは斜めに3cm長さに切る。パプリカは小さめの乱切りにする。

2 小さめのフライパンにみそ以外のすべての材料を入れる。中火にかけ、煮立ったらみそを溶き入れ、ジャーに移す。

材料（1人分）

冷凍さやいんげん……5本

黄パプリカ……$\frac{1}{4}$個

煮干し（頭とワタを取る）……1尾分

水……1カップ

みそ……大さじ1

おにぎりピカタ

おかかチーズおにぎりピカタ

相性抜群のおかかとチーズを
ご飯に混ぜ込んでにぎり、
卵にくぐらせてピカタに。
ふんわりとした口当たりと、
誰からも愛される味わいが魅力です。

原寸大

作り方

1. ベビーチーズは7㎜角に切る。ボウルにご飯、**A**を入れて混ぜ合わせる。2等分にし、平たい丸形ににぎる。

2. フライパンに米油を中火で熱し、**1**を溶き卵にくぐらせて並べる。ふたをして1分焼いたら裏返し、さらにふたをして1分焼く。

材料（1人分／2個）

温かいご飯……どんぶり1杯分（200g）

A
- ベビーチーズ……2個
- 甘辛おかか（P.110参照）……小さじ4

溶き卵……1/2個分

米油……小さじ1

✚ ブロッコリーとハムのみそ汁

ハムから出るうまみで奥深い味に

作り方

1　ハムは5㎜幅に切る。

2　小さめのフライパンに豆乳、みそ以外のすべての材料を入れる。中火にかけ、煮立ったら豆乳を加える。ひと煮立ちしたらみそを溶き入れ、ジャーに移す。

材料（1人分）

ロースハム……1枚

冷凍ブロッコリー……100g

煮干し（頭とワタを取る）

……1尾分

水……3/4カップ

豆乳（成分無調整）

……1/4カップ

みそ……大さじ1

焼きチーズおにぎり

ツナカレー焼きチーズおにぎり

とろーり溶けたチーズの上に
焼きおにぎりをのせて焼き、
やみつき必至のおにぎりに！
こんがりチーズ×スパイシーカレーが
食欲を刺激します。

原寸大

作り方

1 ツナは缶汁をしっかりきる。ボウルにご飯、**A**を入れて混ぜ合わせる。3等分にし、平たい丸形ににぎる。

2 フライパンに**1**を並べ、弱めの中火にかける。焼き色がつくまで2分ほど焼き、裏返してさらに2分ほど焼く。

3 フライパンの空いているところにピザ用チーズを1/3量ずつ間隔をあけておき、半分ほど溶けたらおにぎりをのせ、チーズがパリッとするまで焼く。

材料（1人分／3個）

温かいご飯……どんぶり1杯分（200g）

A
- ツナ水煮（缶詰）……45g
- ピザ用チーズ……10g
- フライドオニオン（市販）……大さじ1
- みそ……小さじ1
- カレー粉……小さじ1/2

ピザ用チーズ……大さじ3

✚ 揚げなすとしめじのみそ汁

市販の冷凍揚げなすを活用

作り方

1 しめじはほぐす。

2 小さめのフライパンにみそ以外のすべての材料を入れる。中火にかけ、煮立ったらみそを溶き入れ、ジャーに移す。

材料（1人分）

しめじ……1/2パック（50g）
冷凍揚げなす……3個
煮干し（頭とワタを取る）……1尾分
水……1カップ
みそ……大さじ1

焼きチーズおにぎり

しそハム焼きチーズおにぎり

さわやかな香りの青じそに
うまみのあるハムを混ぜたおにぎりを
チーズの上で焼いてパリパリに。
青じそをバジルや香菜に代えると
また違った味わいになります。

原寸大

作り方

1 青じそはせん切りにする。ハムは1cm角に切る。ボウルにご飯、**A**を入れて混ぜ合わせる。3等分にし、平たい丸形ににぎる。

2 フライパンに**1**を並べ、弱めの中火にかける。焼き色がつくまで2分ほど焼き、裏返してさらに2分ほど焼く。

3 フライパンの空いているところにピザ用チーズを1/3量ずつ間隔をあけておき、半分ほど溶けたらおにぎりをのせ、チーズがパリッとするまで焼く。

材料（1人分／3個）

温かいご飯……どんぶり1杯分（200g）

A
- 青じそ……2枚
- ロースハム……2枚
- ピザ用チーズ……大さじ1
- 塩……少々

ピザ用チーズ……大さじ3

＋キャベツと油揚げのみそ汁

桜えびのだしがキャベツにぴったり

作り方

1 キャベツは1cm幅に切る。油揚げは2cm幅に切る。

2 小さめのフライパンにみそ以外のすべての材料を入れる。中火にかけ、煮立ったらみそを溶き入れ、ジャーに移す。

材料（1人分）

キャベツ……50g

油揚げ……1/2枚

桜えび（乾燥）……大さじ1

水……1カップ

みそ……大さじ1

肉巻きおにぎり

牛肉巻きおにぎり

甘辛い牛肉×しば漬けおにぎりは
まさに禁断の味。
一口食べると食欲スイッチが入り、
ぺろりと平らげてしまうはず。
しば漬けを紅しょうがに代えても◎。

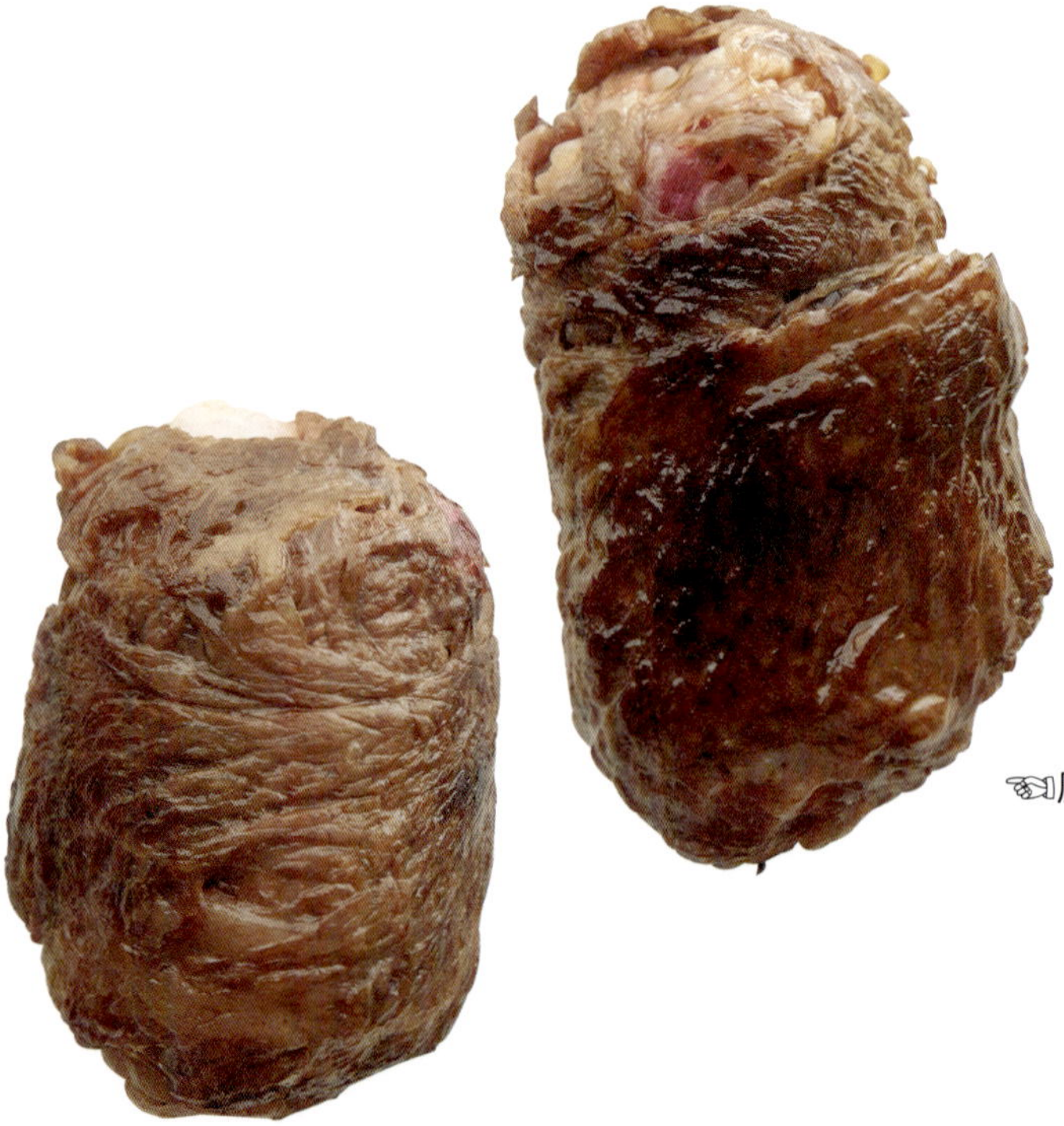

☞原寸大

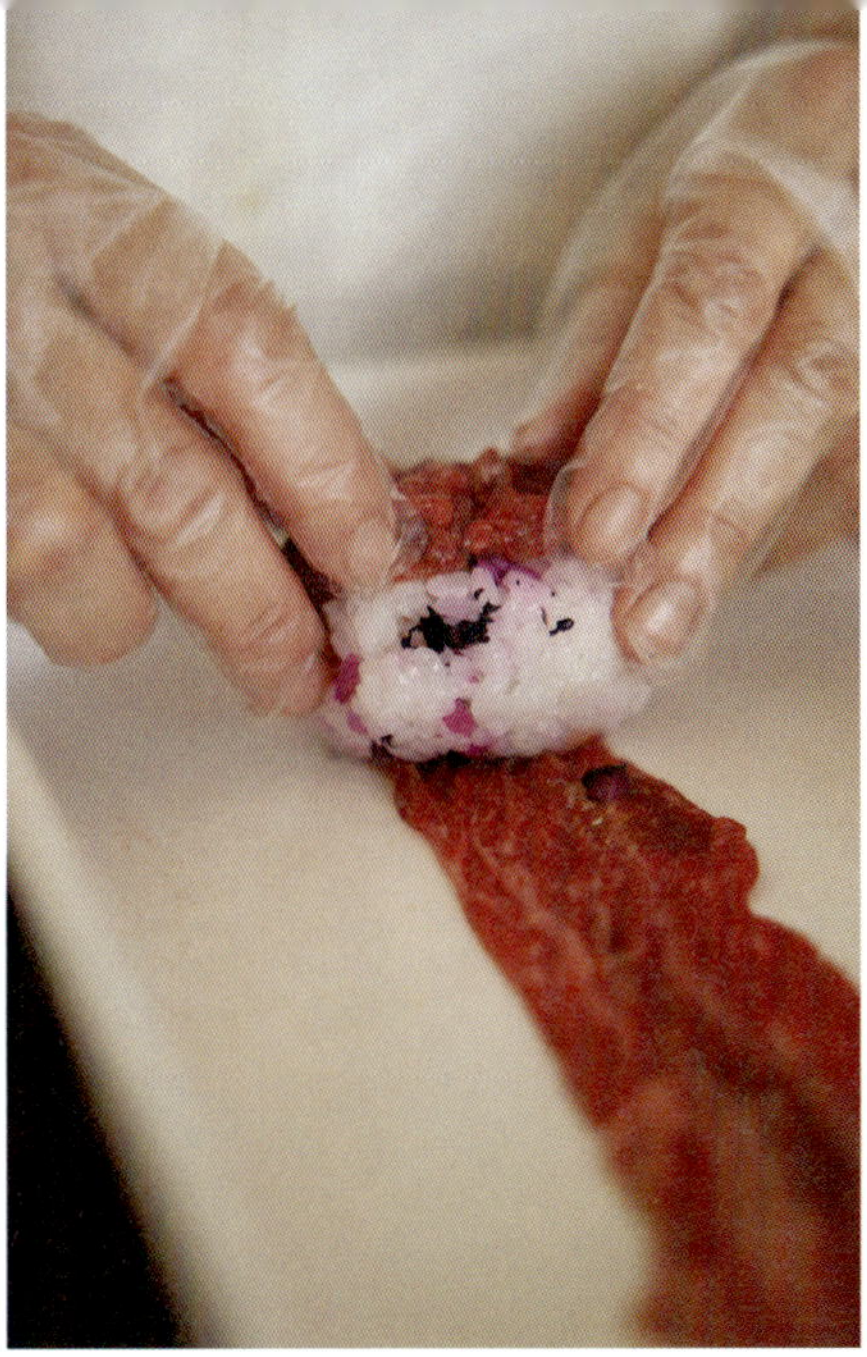

作り方

1 ボウルにご飯、しば漬けを入れて混ぜ合わせる。4等分にし、俵形ににぎる。

2 牛肉1枚を縦に広げ、おにぎり1個を手前にのせて巻き、全体を包む。残りも同様にする。

3 フライパンに米油を中火で熱し、**2**を巻き終わりを下にして並べる。1分ほどしたら転がしながら全体を焼き、肉の色が変わったら**A**を加えてからめる。

材料（1人分／4個）

温かいご飯……どんぶり1杯分（200g）
しば漬け（みじん切り）……10g
牛薄切り肉……4枚（80g）
米油……大さじ1/2
A
- しょうゆ・酒……各大さじ1
- 砂糖……大さじ1/2

（混ぜる）

アボカドと玉ねぎのみそ汁

濃厚なアボカドはみそと相性抜群！

作り方

1 アボカドは一口大に切る。玉ねぎは縦に薄切りにする。
2 小さめのフライパンにみそ以外のすべての材料を入れる。中火にかけ、煮立ったらみそを溶き入れ、ジャーに移す。

材料（1人分）

アボカド……1/4個
玉ねぎ……1/8個
煮干し（頭とワタを取る）……1尾分
水……1カップ
みそ……大さじ1

肉巻きおにぎり

豚肉巻きおにぎり

豚のしょうが焼き&おにぎりの夢の共演！
下味をつけた豚肉を使うと、
肉がやわらかく仕上がります。
たれがなじんだ青のり風味のおにぎりは、
もう、たまりません！

原寸大

作り方

1 ボウルに**A**を入れて混ぜ、豚肉を加えてしっかりと味をからめ、10分おく。別のボウルにご飯、青のり、白ごまを入れて混ぜ合わせる。4等分にし、俵形ににぎる。

2 豚肉1枚を縦に広げ、おにぎり1個を手前にのせて巻き、全体を包む。残りも同様にする。

3 フライパンに米油を中火で熱し、**2**を巻き終わりを下にして並べる。1分ほどしたら転がしながらさらに2分ほど全体を焼く。

材料（1人分／4個）

温かいご飯……どんぶり1杯分（200g）

A
- しょうが（すりおろす）……小さじ1
- しょうゆ・みりん……各大さじ1

豚ロース薄切り肉……4枚（80g）

青のり……小さじ1

白いりごま……小さじ1

米油……大さじ1/2

＋ レタスとねぎのみそ汁

くったりとしたレタスもおいしい！

作り方

1 レタスは一口大に手でちぎる。長ねぎは斜め薄切りにする。

2 小さめのフライパンにみそ以外のすべての材料を入れる。中火にかけ、煮立ったらみそを溶き入れ、ジャーに移す。

材料（1人分）

レタス……1枚

長ねぎ……15g

煮干し（頭とワタを取る）……1尾分

水……1カップ

みそ……大さじ1

ゴロゴロ肉おにぎり

鶏めしおにぎり

鶏肉、大豆、ごぼうをしょうゆと砂糖で
甘辛く味つけしたおにぎりは
懐かしさを感じる田舎風の味。
ご飯と具材を15分なじませるのが
おいしさの秘密です。

原寸大

作り方

1. 鶏肉は皮を取り除き、小さめの一口大に切る。ごぼうはささがきにして水にさっとさらし、水けをきる。

2. フライパンに米油を中火で熱し、にんにくを炒める。香りが立ったら**1**を加えて1～2分炒める。ごぼうがしんなりしたら大豆、**A**を加えて混ぜ、汁けがなくなるまで煮詰める。

3. ボウルにご飯、**2**を入れて混ぜ合わせ、そのまま15分おいて味をなじませる。2等分にし、丸形ににぎる。

材料（1人分／2個）

温かいご飯……どんぶり1杯分（200g）
鶏もも肉……50g
ごぼう……20g
米油……小さじ1
にんにく（すりおろす）……少々
大豆水煮……30g
A しょうゆ・酒……各大さじ1
　砂糖……大さじ1/2

＋ わかめとほうれん草のみそ汁

おにぎりに手間をかけたら、みそ汁は簡単に

作り方

小さめのフライパンにみそ以外のすべての材料を入れる。中火にかけ、煮立ったらみそを溶き入れ、ジャーに移す。

材料（1人分）

カットわかめ（乾燥）……大さじ1
冷凍ほうれん草……30g
煮干し（頭とワタを取る）……1尾分
水……1カップ
みそ……大さじ1

ゴロゴロ肉おにぎり

ルーロー飯おにぎり

台湾の屋台グルメ・ルーロー飯を
超簡単レシピで再現。
香りよく甘辛いひき肉を
混ぜ込んだおにぎりを食べれば、
何だか旅をしている気分に！

☜原寸大

作り方

1. フライパンにひき肉を入れて中火でいり、肉の色が変わったら、出てきた脂を拭き取る。**A**を加えて混ぜ、汁けがなくなるまで炒める。
2. ボウルにご飯、**1**を入れて混ぜ合わせる。2等分にし、三角形ににぎる。

材料（1人分／2個）

温かいご飯……どんぶり1杯分（200g）
豚ひき肉……50g
A
- フライドオニオン（市販）……大さじ1
- しょうが（すりおろす）……小さじ1/2
- しょうゆ・酒・水……各大さじ1/2
- 砂糖……大さじ1/4
- 五香粉……少々

＋ 青《チン》梗《ゲン》菜《サイ》とエリンギのみそ汁

食感の違う具材を組み合わせて

作り方

1 青梗菜は1.5㎝幅に切る。エリンギは2×1.5㎝の薄切りにする。
2 小さめのフライパンにみそ以外のすべての材料を入れる。中火にかけ、煮立ったらみそを溶き入れ、ジャーに移す。

材料（1人分）

青梗菜……1/2株（50g）
エリンギ……1本（50g）
煮干し（頭とワタを取る）……1尾分
水……1カップ
みそ……大さじ1

韓国風おにぎり
チュモッパ

チュモッパは数種類の具材を混ぜ込み、
一口サイズに丸めた韓国のおにぎり。
とびこのプチッと弾ける食感や
ごま油をきかせた味つけなど
やみつきポイントが満載です！

原寸大

作り方

1. たくあんはみじん切りにする。青じそはせん切りにする。

2. ボウルにご飯、**A**を入れ、韓国のりをちぎり入れて混ぜ合わせる。6等分にし、丸形ににぎる。食べるまでの温度管理には特に気をつける。

材料（1人分／6個）

温かいご飯……どんぶり1杯分(200g)

A
- たくあん漬け……15g
- 青じそ……1枚
- とびこ……大さじ1
- ごま油・マヨネーズ……各小さじ1/2

韓国のり(8つ切り)……4枚

＋ あさりとズッキーニのみそ汁

あさりから出るだしを堪能して

作り方

1　あさりは殻と殻をこすり合わせて洗う。ズッキーニは1cm幅に切る。

2　小さめのフライパンにみそ以外のすべての材料を入れる。中火にかけ、煮立ったらアクを取り、みそを溶き入れてジャーに移す。

材料（1人分）

あさり(砂抜きしたもの)……50g

ズッキーニ……1/2本(75g)

煮干し(頭とワタを取る)……1尾分

水……1カップ

コチュジャン……小さじ1/2

みそ……大さじ1

韓国風おにぎり

ビビンバおにぎり

ご飯に混ぜ込むナムルやひき肉はレンジで１分加熱するだけなのでびっくりするほど簡単！

ご飯と具材を手でまんべんなくなじませるのがポイントです。

原寸大

作り方

1 大豆もやしはひげ根を取る。にんじんはせん切りにする。ともに耐熱ボウルに入れてふんわりとラップをかけ、電子レンジで1分ほど加熱する。粗熱が取れたら水けをしっかりと絞る。

2 別の耐熱ボウルにひき肉、**A**を入れて混ぜ合わせ、ふんわりとラップをかけ、電子レンジで1分ほど加熱する。

3 ボウルにご飯、**1**、**2**、白ごまを入れ、韓国のりをちぎり入れて混ぜ合わせる。3等分にし、丸形ににぎる。

材料（1人分／3個）

温かいご飯……どんぶり1杯分（200g）
大豆もやし……50g
にんじん……15g
合いびき肉……30g
A しょうゆ……大さじ1/2
　コチュジャン……小さじ1
　砂糖・ごま油……各小さじ1/2
白いりごま……大さじ1
韓国のり（8つ切り）……4枚

＋ キムチとえのきのみそ汁

キムチチゲの味わいを手軽に

作り方

1 えのきだけは3cm長さに切る。

2 小さめのフライパンにみそ以外のすべての材料を入れる。中火にかけ、煮立ったらみそを溶き入れ、ジャーに移す。

材料（1人分）

えのきだけ……10g
白菜キムチ……50g
煮干し（頭とワタを取る）
……1尾分
水……1カップ
みそ……小さじ2

酢飯おにぎり

いなりおにぎり

ときどき無性に食べたくなる
おいなりさんをおにぎりに。
油揚げはレンチンするだけ。
酢飯を作る手間もなし。
気合を入れなくてもできちゃいます。

原寸大

作り方

1 油揚げは長さを半分に切る。耐熱ボウルに**A**を入れて混ぜ、油揚げを浸す。ラップで落としぶたをし、電子レンジで2分ほど加熱する。そのまま冷まし、粗熱が取れたら軽く汁けを絞って1cm角に切る。甘酢しょうがはせん切りにする。

2 ボウルにご飯を入れて酢を回しかけ、**1**、白ごまを加えて混ぜ合わせる。2等分にして俵形ににぎり、のりを巻く。

材料（1人分／2個）

温かいご飯……どんぶり1杯分（200g）
油揚げ……1枚
A しょうゆ・砂糖……各大さじ1/2
　水……大さじ2
甘酢しょうが（市販）……5g
酢……大さじ1/2
白いりごま……小さじ1
焼きのり（4つ切り）……2枚

オクラと溶き卵のみそ汁

オクラの自然なとろみを生かして

作り方

1 オクラは1cm幅に切る。
2 小さめのフライパンにオクラ、煮干し、水を入れる。中火にかけ、煮立ったら溶き卵を回し入れて菜箸でゆっくりと混ぜる。卵が固まったらみそを溶き入れ、ジャーに移す。

材料（1人分）

冷凍オクラ……3本
煮干し（頭とワタを取る）
……1尾分
水……1カップ
溶き卵……1個分
みそ……大さじ1

酢飯おにぎり

ちらし寿司おにぎり

さっぱり味を欲しているときは、
ちらし寿司をおにぎりにしましょう。
鮭フレークを作っておけば準備は簡単。
かにかまやハムに代えてもよし。
いり卵を加えて華やかにしても。

☞原寸大

作り方

1. 青じそ1枚はせん切りにする。
2. ボウルにご飯を入れ、**A**を回しかけて混ぜ、**1**、鮭、白ごまを加えて混ぜ合わせる。2等分にして三角形ににぎり、青じそを巻く。

材料（1人分／2個）

温かいご飯……どんぶり1杯分(200g)
青じそ……3枚
A
- 酢……小さじ2
- 砂糖……小さじ1
- 塩……小さじ1/4

（混ぜる）
鮭フレーク(P.108参照)……50g
白いりごま……小さじ1

＋豆腐とのりのみそ汁

包丁を使わずにパパッとできる

作り方

1 小さめのフライパンにちりめんじゃこ、分量の水を入れ、豆腐を手で一口大にちぎって加える。

2 強めの中火にかけ、煮立ったら火を止めてみそを溶き入れる。のりをちぎり入れてひと混ぜし、ジャーに移す。

材料（1人分）

ちりめんじゃこ……大さじ1
水……1カップ
木綿豆腐……100g
みそ……大さじ1
焼きのり(全形)……1/2枚

旬を楽しむ四季弁当

春

新じゃがとアスパラのみそ汁
＋
たけのこおにぎり

材料と作り方▼
P.82

夏

さば缶の簡単冷や汁
＋
さっぱり枝豆おにぎり

材料と作り方▼
P.82

秋

まいたけとれんこんのみそ汁
＋
さんまおにぎり

材料と作り方▼
P.83

冬

粕汁
＋
かきおにぎり

材料と作り方▼
P.83

春

鶏そぼろ入りで味わい深い

たけのこおにぎり

材料（1人分／2個）

温かいご飯……どんぶり1杯分（200g）

A
- 削り節……大さじ1
- しょうゆ……大さじ1/2
- 酒・砂糖……各小さじ1
- 水……大さじ3

鶏ひき肉……20g

たけのこ水煮（縦に薄切り）……30g

作り方

1 小鍋に**A**を入れて強めの中火で熱し、煮立ったらひき肉とたけのこを加え、汁けがなくなるまで2分ほど煮る。

2 ボウルにご飯、**1**を入れて混ぜ合わせる。2等分にし、俵形ににぎる。

＋

生命力あふれる春野菜の組み合わせ

新じゃがとアスパラのみそ汁

材料（1人分）

新じゃがいも（皮つきのまま一口大に切る）……1/2個（50g）

グリーンアスパラガス（2cm長さに切る）……1本分

煮干し（頭とワタを取る）……1尾分

水……1カップ

みそ……大さじ1

作り方

小さめのフライパンにみそ以外のすべての材料を入れる。中火にかけ、煮立ったらみそを溶き入れ、ジャーに移す。

夏

みょうがの香りがアクセント

さっぱり枝豆おにぎり

材料（1人分／2個）

温かいご飯……どんぶり1杯分（200g）

みょうが（縦薄切り）……1個分

塩……少々

枝豆（ゆでてさやから出す）……正味20g

梅干し（種を取ってたたく）……1個分

作り方

1 みょうがは塩をふってもみ、水けを絞る。

2 ボウルにすべての材料を入れて混ぜ合わせる。2等分にし、丸形ににぎる。

＋

スープジャーだから保冷もバッチリ

さば缶の簡単冷や汁

材料（1人分）

きゅうり（薄い小口切り）……1/3本分

塩……少々

A
- 豆乳（成分無調整）……1/2カップ
- 水……1/2カップ
- みそ……大さじ1

さば水煮（缶詰）……60g

さば水煮の缶汁……大さじ1

木綿豆腐（一口大にちぎる）……50g

しょうが（すりおろす）……1かけ分

白すりごま……大さじ1

作り方

1 ジャーは氷水を入れ、予冷してから使う。きゅうりは塩をふってもみ、水けを絞る。

2 ボウルに**A**を入れて混ぜ、**1**と残りの材料を加えて混ぜ合わせ、ジャーに移す。

秋

脂の乗ったさんまとしょうがが合う！

香り豊かな山の恵みを味わって

さんまおにぎり ＋ まいたけとれんこんのみそ汁

さんまおにぎり

材料（1人分／2個）

温かいご飯……どんぶり1杯分（200g）
さんまの塩焼き（頭と骨を取ってほぐす）……1/2尾分
しょうが（せん切り）……1/2かけ分
青ねぎ（小口切り）……大さじ1
塩……少々

作り方

ボウルにすべての材料を入れて混ぜ合わせる。2等分にし、三角形ににぎる。

まいたけとれんこんのみそ汁

材料（1人分）

まいたけ（ほぐす）……30g
れんこん（5mm幅のいちょう切り）……50g
煮干し（頭とワタを取る）……1尾分
水……1カップ
みそ……大さじ1

作り方

小さめのフライパンにみそ以外のすべての材料を入れる。中火にかけ、煮立ったらみそを溶き入れ、ジャーに移す。

冬

つやっと甘辛いかきを混ぜ込んで

体の内側からぽかぽかになる

かきおにぎり ＋ 粕汁

かきおにぎり

材料（1人分／2個）

温かいご飯……どんぶり1杯分（200g）
かき（加熱用）……6粒（100g）
A しょうが（せん切り）……1かけ分
　しょうゆ・酒・みりん……各大さじ1
　砂糖……小さじ1

作り方

1 かきは塩少々（材料外）を入れた水でしっかりと洗う。小鍋にAを入れて中火にかけ、煮立ったらかきを加えて煮汁がなくなるまで煮詰める。

2 ボウルにすべての材料を入れて混ぜ合わせる。2等分にし、丸形ににぎる。

粕汁

材料（1人分）

豚こま切れ肉（1cm幅に切る）……30g
干ししいたけ（半分に割る）……小1個分
こんにゃく（スプーンで一口大に切る）……30g
にんじん（5mm幅のいちょう切り）……20g
長ねぎ（1cm幅に切る）……20g
冷凍里いも……2個（30g）
煮干し（頭とワタを取る）……1尾分
水……1カップ
酒粕……大さじ1（20g）
みそ……大さじ1

作り方

小さめのフライパンにみそ以外のすべての材料を入れる。中火にかけ、煮立ったらアクを取り、さらに1分ほど煮立てて酒粕のアルコール分を飛ばす。みそを溶き入れてジャーに移す。

元気をチャージできる
至福のお弁当カレー

チキンスープカレー✚塩ナッツおにぎり

（材料と作り方 ▶P.86）

リッチな煮込みに
洋風おにぎりを添えて

パプリカチキン＋コーンバターおにぎり

（材料と作り方 ▶P.87）

チキンスープカレー

香り高く本格的な味わい

材料（1人分）

鶏もも肉……50g
ピーマン……1個
玉ねぎ……1/8個
オリーブオイル……小さじ1
クミンシード……小さじ1/3
カレー粉……小さじ1
冷凍揚げなす……3個
A
水……3/4カップ
トマトペースト……1袋（16g）
砂糖……小さじ1/2
塩……小さじ1/3

作り方

1. 鶏肉は一口大に切る。ピーマンは乱切りにする。玉ねぎはみじん切りにする。
2. 小さめのフライパンにオリーブオイル、クミンを入れて中火にかけ、香りが立ったら玉ねぎを加えて炒める。油が回ったらカレー粉、鶏肉、ピーマン、揚げなすを加えて炒め、肉の色が変わったら**A**を加える。煮立ったらアクを取り、ジャーに移す。

塩ナッツおにぎり

好みのナッツに代えてもOK

材料（1人分／2個）

温かいご飯……どんぶり1杯分（200g）
ミックスナッツ（食塩不使用）……15g
塩……小さじ1/4

作り方

1. ナッツは包丁で粗く刻む。
2. ボウルにすべての材料を入れて混ぜ合わせる。2等分にし、俵形ににぎる。

パプリカチキン

ハンガリーの煮込み料理を手軽に

材料（1人分）

鶏ささ身……1本（60g）
赤パプリカ……1/4個
マッシュルーム……2個
玉ねぎ……1/8個
バター……5g
にんにく（すりおろす）……少々
A | パプリカパウダー……小さじ1
A | トマトペースト……1袋（16g）
A | 水……3/4カップ
クリームチーズ（個包装タイプ）……1個
塩……小さじ1/4
こしょう……少々

作り方

① ささ身は一口大に切る。パプリカは一口大の乱切りにする。マッシュルームは2㎜幅の薄切りにする。玉ねぎは縦に薄切りにする。

② 小さめのフライパンにバター、にんにくを入れて弱めの中火にかけ、香りが立ったら**1**を加えてさっと炒める。油が回ったら**A**を加え、アクを取りながら5分ほど煮る。クリームチーズを加えて混ぜ、塩、こしょうで味を調えてジャーに移す。

コーンバターおにぎり

甘さと塩けがちょうどいい

材料（1人分／2個）

温かいご飯……どんぶり1杯分（200g）
冷凍コーン……20g
粉チーズ……小さじ2
バター……5g
塩……少々

作り方

ボウルにすべての材料を入れて混ぜ合わせる。2等分にし、丸形ににぎる。

「洋食屋さんを思わせる ハイカラランチ」

鮭クリームシチュー＋パセリバターおにぎり

（材料と作り方 ▶P.90）

「おにぎりを入れながら食べると最高！」

ビーフストロガノフ＋クリームチーズおにぎり

（材料と作り方 ▶P.91）

鮭クリームシチュー

ルウいらず&
煮込み時間なし

材料（1人分）
甘塩鮭の切り身……1切れ
カリフラワー……50g
しめじ……30g
玉ねぎ……1/8個
バター……5g
小麦粉……大さじ1
水……3/4カップ
ローリエ……1枚
牛乳……1/4カップ
塩……小さじ1/4
こしょう……少々

作り方

① 鮭は一口大に切る。カリフラワーは小房に切り分ける。しめじはほぐす。玉ねぎは1cm幅のくし形切りにする。

② 小さめのフライパンにバターを入れて中火にかけ、鮭を並べて両面を焼く。カリフラワー、しめじ、玉ねぎを加え、小麦粉をふって炒める。

③ 全体がなじんだら水、ローリエを加え、煮立ったらアクを取り、牛乳、塩、こしょうを加える。再び煮立ったらジャーに移す。

パセリバターおにぎり

クリーミーなシチューにバターの風味が合う！

材料（1人分／2個）
温かいご飯……どんぶり1杯分（200g）
バター……5g
パセリ（乾燥）……小さじ1
塩……少々

作り方
ボウルにすべての材料を入れて混ぜ合わせる。2等分にし、三角形ににぎる。

ビーフストロガノフ

使いきりサイズの
トマトペーストが便利

材料（1人分）
マッシュルーム……2個
玉ねぎ……1/4個
バター……5g
牛こま切れ肉……50g
小麦粉……小さじ1
A
水……1カップ
トマトペースト……1袋（16g）
しょうゆ……大さじ1/2
ウスターソース……小さじ1

作り方

① マッシュルームは薄切りにする。玉ねぎは縦に薄切りにする。

② 小さめのフライパンにバターを入れて中火にかけ、牛肉、マッシュルーム、玉ねぎを加えて炒める。肉の色が変わったら小麦粉をふって炒める。

③ 全体がなじんだら**A**を加え、煮立ったらアクを取り、ジャーに移す。

クリームチーズおにぎり

黒こしょうが味の引き締め役

材料（1人分／2個）
温かいご飯……どんぶり1杯分（200g）
クリームチーズ（個包装タイプ）……1個
塩・黒こしょう……各少々

作り方

1 クリームチーズは5㎜角に切る。

2 ボウルにすべての材料を入れて混ぜ合わせる。2等分にし、丸形ににぎる。

2個目のおにぎりでチーズ雑炊に味変!

和風ミネストローネ✚青のりチーズおにぎり （材料と作り方▶P.94）

スタミナをつけたいときのとっておき弁当

肉吸い＋しっとりのりむすび（材料と作り方 ▶P.95）

和風ミネストローネ

ベーコン×昆布の
和洋折衷スープ

材料（1人分）

ベーコン……1枚
長いも……30g
大根……30g
にんじん……10g
長ねぎ……15g
オリーブオイル……小さじ1
A
昆布（2×2cm四方）……1枚
水……1カップ
塩……小さじ1/3
こしょう……少々

作り方

① ベーコンは1cm幅に切る。長いも、大根、にんじんは1cm角に切る。長ねぎは1cm幅に切る。

② 小さめのフライパンにオリーブオイルを中火で熱し、ベーコンを炒める。カリッとしたら**1**の野菜、**A**を加え、煮立ったらアクを取り、ジャーに移す。

青のりチーズおにぎり

ゴロゴロチーズと磯の香りがたまらない

材料（1人分／2個）

温かいご飯……どんぶり1杯分（200g）
ベビーチーズ……2個
青のり……小さじ1
塩……少々

作り方

1 ベビーチーズは7mm角に切る。

2 ボウルにすべての材料を入れて混ぜ合わせる。2等分にし、三角形ににぎる。

肉吸い

牛肉とかつおのだしが香る大阪名物

材料（1人分）

牛薄切り肉……50g
長ねぎ（青い部分）……3cm
水……1カップ
木綿豆腐……50g
削り節……1/2袋（1g）

A
- うす口しょうゆ……大さじ1
- みりん……小さじ2
- 砂糖……小さじ1/3

作り方

1. 鍋に湯を沸かし、牛肉をさっと下ゆでしてざるに上げる。長ねぎは斜め薄切りにする。
2. 小さめのフライパンに分量の水を入れ、煮立ったら牛肉を加え、豆腐を一口大にちぎり入れる。再び煮立ったら長ねぎ、削り節、**A**を加え、煮立ったらジャーに移す。

しっとりのりむすび

のりを巻くだけのシンプルさが、 肉吸いを引き立てる!

材料（1人分／2個）

温かいご飯……どんぶり1杯分（200g）
塩……適量
焼きのり……適量

作り方

P.17を参照して三角形の塩むすびを作り、のりを全体に巻く。

熱々のユッケジャンクッパが
楽しめるなんて！

ユッケジャン✚黒ごまおにぎり

（材料と作り方 ▶P.98）

韓国の水炊きを ジャーで味わう幸せ

タッカンマリ＋にらしょうゆおにぎり

（材料と作り方 ▶P.99）

ユッケジャン

牛肉のコクと辛みでスタミナアップ！

材料（1人分）

長ねぎ……1/3本
干ししいたけ……小1個
牛こま切れ肉……50g
片栗粉……小さじ1/2
ごま油……小さじ1
A ｜水……1カップ
　｜コチュジャン……小さじ1
　｜鶏ガラスープの素（顆粒）……小さじ1/2
　｜塩・こしょう……各少々
溶き卵……1個分

作り方

1. 長ねぎは斜め薄切りにする。しいたけは手で半分に割る。
2. 小さめのフライパンに牛肉を入れ、片栗粉をもみ込み、ごま油を加える。中火にかけて炒め、肉の色が変わったら**1**、**A**を加える。
3. 煮立ったらアクを取り、溶き卵を回し入れて菜箸でゆっくりと混ぜ、卵が固まったらジャーに移す。

黒ごまおにぎり

ダブルのごま使いで風味豊かに

材料（1人分／2個）

温かいご飯……どんぶり1杯分（200g）
黒いりごま……小さじ1
ごま油……小さじ1
塩……少々

作り方

ボウルにすべての材料を入れて混ぜ合わせる。2等分にし、丸形ににぎる。

タッカンマリ

鶏のだしがきいた滋味深い味わい

材料（1人分）

鶏もも肉……50g
じゃがいも……小1個（100g）
長ねぎ……1/3本
しょうが……1かけ
水……3/4カップ
酒……大さじ1
塩……小さじ1/3
こしょう……少々

作り方

1. 鶏肉は一口大に切る。じゃがいもは1cm幅に切る。長ねぎは1cm幅に切る。しょうがは薄切りにする。
2. 小さめのフライパンにすべての材料を入れて中火にかける。煮立ったらアクを取り、ジャーに移す。

にらしょうゆおにぎり

塩むすび派もびっくりのおいしさ

材料（1人分／2個）

温かいご飯……どんぶり1杯分（200g）
にら……1本
ごま油……小さじ1
しょうゆ……適量

作り方

1. にらは1cm幅に切り、さっとゆでてざるに上げ、水けをしっかりと絞る。
2. ボウルにご飯、**1**、ごま油を入れて混ぜ合わせる。2等分にして三角形ににぎり、刷毛でしょうゆを全体に塗る。

エスニックなランチで
気分リフレッシュ

トムヤムクン✚香菜ごまおにぎり

（材料と作り方 ▶P.102）

いつもと違う味が
意外とくせになる！

タイ風卵焼きスープ＋じゃこバジルおにぎり

（材料と作り方 ▶P.103）

トムヤムクン

お好みで香菜の茎を入れても

材料（1人分）

むきえび……3尾
玉ねぎ……1/8個
マッシュルーム……2個
A
水……1カップ
しょうが（薄切り）……1/2かけ分
ローリエ……1枚
ナンプラー……大さじ1/2
鶏ガラスープの素（顆粒）・豆板醤・砂糖……各小さじ1/2
ミニトマト……2個
レモン汁……大さじ1/2

材料

1. むきえびは背ワタを取る。玉ねぎは繊維を断つように薄切りにする。マッシュルームは半分に切る。
2. 小さめのフライパンにAを入れて中火にかけ、煮立ったら1、ミニトマトを加える。再び煮立ったらアクを取ってレモン汁を加え、ジャーに移す。

香菜ごまおにぎり

香菜好きが泣いて喜ぶ、くせになる味

材料（1人分／2個）

温かいご飯……どんぶり1杯分（200g）
香菜（葉の部分）……1本分
白いりごま……小さじ1
塩……少々

材料

1. 香菜は粗く刻む。
2. ボウルにすべての材料を入れて混ぜ合わせる。2等分にし、三角形ににぎる。

タイ風卵焼きスープ

ふわっと焼いた卵焼きの
口当たりが魅力

材料（1人分）
たけのこ水煮……1/4本（50g）
青ねぎ……1本
米油……小さじ1
溶き卵……1個分

A
- 水……1カップ
- ナンプラー・しょうゆ……各小さじ1
- 砂糖……小さじ1/3
- こしょう……少々

材料

① たけのこは食べやすい大きさで5mm幅に切る。青ねぎは4cm長さに切る。

② 小さめのフライパンに米油を中火で熱し、溶き卵を入れて菜箸でざっと混ぜ、大きめのいり卵にする。**A**、たけのこを加え、煮立ったらアクを取って青ねぎを加え、ジャーに移す。

じゃこバジルおにぎり

ほろ苦いバジルの香りが新鮮!

材料（1人分／2個）
温かいご飯……どんぶり1杯分（200g）
バジルの葉……2枚
ちりめんじゃこ……大さじ1
塩……少々

材料

1 バジルは粗く刻む。

2 ボウルにすべての材料を入れて混ぜ合わせる。2等分にし、丸形ににぎる。

おこわおにぎり弁当

ひき肉とろろ汁
＋
梅昆布おこわおにぎり

材料と作り方▼
P.106

しじみと豆苗のスープ
＋
中華おこわおにぎり

材料と作り方▼
P.106

鶏と小松菜のすまし汁
+
五目おこわおにぎり
材料と作り方▼
P.107

けんちん汁
+
煮豆おこわおにぎり
材料と作り方▼
P.107

もちもちおこわをシンプルに味わう

梅昆布おこわおにぎり

材料（1人分／2個）

温かいおこわ……どんぶり1杯分（200g）
塩昆布……小さじ2
カリカリ梅……2個
黒いりごま……少々

作り方

おこわを2等分にし、三角形ににぎる。真ん中を少しくぼませ、塩昆布、カリカリ梅をそれぞれ1/2量ずつのせ、黒ごまをふる。

おこわの炊き方

おこわはもち米を炊いたもの。もち米はP.13の米と同様にとぐ。炊飯器の内釜に入れ、おこわの目盛りまで水を加えておこわコースで炊く。

コクがあって口当たりとろり

ひき肉とろろ汁

材料（1人分）

豚ひき肉……50g
水……1カップ
削り節……大さじ1
長いも（すりおろす）……50g
しょうゆ……大さじ1
こしょう……少々
青ねぎ（小口切り）……大さじ1

作り方

小さめのフライパンにひき肉、分量の水を入れて中火にかけ、煮立ったらアクを取る。削り節、長いも、しょうゆを加え、再び煮立ったらこしょうをふってジャーに移し、青ねぎをふる。

混ぜるだけなのに味は本格派

中華おこわおにぎり

材料（1人分／2個）

温かいおこわ……どんぶり1杯分（200g）
ごま油……小さじ1
焼き豚（市販／5mm角に切る）……30g
長ねぎ（みじん切り）……20g
干しえび（水で戻してみじん切り）……大さじ1
干ししいたけ（水で戻してみじん切り）……小1個分
A 干しえび・干ししいたけの戻し汁……各大さじ1
A 酒・しょうゆ……各小さじ1
A こしょう……少々

作り方

1. フライパンにごま油を中火で熱し、焼き豚、長ねぎ、干しえび、干ししいたけを炒める。全体がなじんだら**A**を加え、汁けがなくなるまで炒める。
2. ボウルにおこわ、**1**を入れて混ぜ合わせる。2等分にし、丸形ににぎる。

しじみのやさしいうまみを感じて

しじみと豆苗のスープ

材料（1人分）

しじみ（砂抜きしたもの）……50g
豆苗（4cm長さに切る）……30g
酒……大さじ1
塩……小さじ1/3
こしょう……少々
水……1カップ

作り方

1. しじみは殻と殻をこすり合わせて洗う。
2. 小さめのフライパンにすべての材料を入れる。中火にかけ、煮立ったらアクを取ってジャーに移す。

食べる頃にちょうど味がなじみます

五目おこわおにぎり ＋

材料（1人分／2個）

温かいおこわ……どんぶり1杯分（200g）
ごま油……小さじ1
ごぼう（粗みじん切り）……15g
にんじん（粗みじん切り）……15g
ひじき（乾燥／水で戻す）……大さじ1
油揚げ（粗みじん切り）……1/2枚分
A 水……大さじ1
しょうゆ・酒・みりん・酢・砂糖……各大さじ1/2

作り方

1. フライパンにごま油を中火で熱し、ごぼう、にんじん、水けをきったひじきをさっと炒める。油揚げ、**A**を加えて炒め、汁けを飛ばす。
2. ボウルにおこわ、**1**を入れて混ぜ合わせる。2等分にし、俵形ににぎる。

五目おこわに合うやさしい味

鶏と小松菜のすまし汁

材料（1人分）

鶏ささ身（一口大に切る）……1本分（60g）
小松菜（3cm長さに切る）……1本分
えのきだけ（3cm長さに切る）……20g
削り節……1/2袋（1g）
水……1カップ
しょうゆ……大さじ1
こしょう……少々

作り方

小さめのフライパンにすべての材料を入れる。中火にかけ、煮立ったらアクを取ってジャーに移す。

甘い金時豆がおこわとよく合う!

煮豆おこわおにぎり ＋

材料（1人分／2個）

温かいおこわ……どんぶり1杯分（200g）
金時豆の煮豆（市販）……50g
白いりごま……大さじ1
塩……少々

作り方

ボウルにすべての材料を入れて混ぜ合わせる。2等分にし、丸形ににぎる。

食物繊維がしっかりとれる!

けんちん汁

材料（1人分）

ごま油……小さじ1
木綿豆腐……100g
大根（1cm角に切る）……20g
にんじん（1cm角に切る）……20g
ごぼう（1cm角に切る）……20g
水……3/4カップ
干ししいたけ……小1個
昆布（2×2cm四方）……1枚
しょうゆ……大さじ1
塩……少々

作り方

1. 小さめのフライパンにごま油を中火で熱し、豆腐を入れてくずしながら炒める。豆腐の水けが飛んだら、大根、にんじん、ごぼうを加えてさっと炒める。
2. 分量の水、しいたけ、昆布を加え、煮立ったらしょうゆ、塩で味を調え、ジャーに移す。

お弁当作りを
ラクにする
アイディア

①

おにぎりの具材は作りおきが便利！

おにぎりをスムーズに作るコツは、具材の準備を万全にしておくこと。
よく使う具材は、あらかじめ作っておきましょう。ご飯のお供にもなりますよ。

鮭フレーク　おにぎりと相性のいいソフトな食感

材料（作りやすい分量）
甘塩鮭の切り身……1切れ
酒……小さじ1

作り方
耐熱皿に鮭を入れて酒をふり、ふんわりとラップをかけ、電子レンジで2分ほど加熱する。皮と骨を取ってほぐす。

冷蔵庫で約2日間保存可能

のりのつくだ煮　焼きのり2枚で手軽にできる

材料（作りやすい分量）
焼きのり（全形）……2枚
めんつゆ（3倍濃縮）……大さじ1
水……1/4カップ

作り方
鍋にのりをちぎり入れ、めんつゆ、分量の水を入れて5分ほどおく。のりがふやけたら弱火にかけ、水けがなくなるまで煮詰める。

冷蔵庫で約2日間保存可能

きんぴらごぼう おにぎりにもおかずにも重宝する

材料（作りやすい分量）
ごま油……小さじ1
ごぼう（3cm長さのささがき）……50g
にんじん（3cm長さの細切り）……30g
A｜しょうゆ・酒・みりん……各小さじ2
　｜白いりごま・砂糖……各小さじ1

作り方
フライパンにごま油を中火で熱し、ごぼう、にんじんを炒める。油が回ったら**A**を加え、汁けがなくなるまで炒める。

冷蔵庫で約2日間保存可能

肉そぼろ しょうがの風味が食欲をそそる!

材料（作りやすい分量）
鶏ひき肉（または豚ひき肉）……200g
しょうが（すりおろす）……1かけ分
A｜しょうゆ……大さじ2
　｜砂糖・酒……各大さじ1

作り方
耐熱ボウルにすべての材料を入れて混ぜ合わせ、ラップをせずに電子レンジで2分ほど加熱する。一度取り出して菜箸でよくほぐし、再びラップをせずに電子レンジで2分ほど加熱し、菜箸でよくほぐす。

冷蔵庫で約2日間保存可能

卵そぼろ マヨネーズ入りで口当たりしっとり

材料（作りやすい分量）
卵……2個
マヨネーズ……小さじ2
砂糖……小さじ1

作り方
耐熱ボウルに卵を割りほぐし、マヨネーズ、砂糖を加えて混ぜ合わせる。ふんわりとラップをかけて電子レンジで1分ほど加熱する。一度取り出して菜箸でよくほぐし、再びラップをかけて電子レンジで1分ほど加熱し、菜箸でよくほぐす。

冷蔵庫で約2日間保存可能

甘辛おかか ご飯の真ん中に入れても、混ぜても◎

材料（作りやすい分量）
削り節……5袋（10g）
みりん……小さじ4
しょうゆ……小さじ2

作り方
フライパンにすべての材料を入れる。弱火にかけ、汁けが飛んでつやが出るまで1分ほどいる。

常温で1週間保存可能

カリカリパン粉 これをかければフライに変身!

材料（作りやすい分量）
オリーブオイル……大さじ1
にんにく（すりおろす）……小さじ½
パン粉……大さじ4
パセリ（乾燥）……小さじ1
粉チーズ……大さじ2

作り方
フライパンにオリーブオイルを中火で熱し、にんにくを炒める。香りが立ったらパン粉、パセリを加え、きつね色になるまで炒める。粉チーズを加えてさっと混ぜる。

常温で1週間保存可能

お弁当を傷ませないポイント

お弁当は安心して食べられることが、何より大事。せっかく作ったお弁当で体調を崩してしまっては、元も子もありません。お弁当は作ってから食べるまでの時間があいてしまうので、右記のポイントを心がけましょう。

スープジャー
- 生ものなど、腐敗しやすいものは入れない。
- 保温するときは、熱湯で予熱する。
- スープジャーに入れる汁ものは熱々を入れる。
- スープジャーには満量入れる（量が少ないと冷めやすくなる）。

おにぎり
- ラップや使い捨て手袋を使ってにぎる。
- おにぎりをにぎったら、完全に冷ましてから持って行く。
- 保冷剤を入れた保冷バッグを利用して、できるだけ低い温度で持ち運ぶ。
- 冷蔵庫や日陰など、できる限り涼しい場所に保管する。

その他
- 作る前に手をきれいに洗う。
- 食材や調理道具、弁当箱は清潔なものを使用する。

② みそ汁は「だし食材」でだしいらず！

みそ汁を作るとき、だし食材（写真左）を使えば、スープジャーの中でうまみが広がるので、わざわざだしをとる必要はありません。固い乾物も食べる頃にはやわらかくなっているので、だし食材も具としてそのまま食べることができます。

③ 市販の冷凍野菜で効率よく

1人分の汁ものに使う野菜の量は、それほど多くはありません。でも、一から準備するとなると手間がかかったり、野菜を中途半端に余らせてしまったりする場合があります。そんなときは「冷凍野菜」が便利。調理時間を短縮でき、食材をムダにすることもありません。

④ 汁ものは小さめのフライパンで

汁ものを作るときは、口径約16㎝で少し深さのあるフッ素樹脂加工のフライパンがおすすめ。煮立つまでの時間が早く、具材もこびりつきません。このサイズなら洗うのもラクで、気軽に扱うことができます。もちろん、使い慣れた小鍋でもOKです。

しらいのりこ（ごはん同盟）

お米料理研究家、新潟県出身。実家が米農家の夫、シライジュンイチとフードユニット「ごはん同盟」を結成し、ごはん料理、ごはんに合うおかず、日本酒に合うおつまみなどのレシピを提案。炊飯教室なども精力的に開催し、ごはんをおいしく炊く人、食べる人を増やすべく日々活動中。『これがほんとの料理のきほん』（成美堂出版）、『ストウブで米を炊く』（誠文堂新光社）、『しらいのりこの絶品！ ご飯のおとも101』（NHK出版）、『ごきげんな晩酌 家飲みが楽しくなる日本酒のおつまみ65』（山と渓谷社）など、お米関連の著書多数。

Instagram　@shirainoriko
X（旧Twitter）　@shirainoriko
note　https://note.com/shirainoriko/
voicy https://voicy.jp/channel/2835

スタッフ
アートディレクション・デザイン　若山美樹（L'espace）
撮影　木村 拓（東京料理写真）
スタイリング　駒井京子
調理アシスタント　吉野レミ
協力　シライジュンイチ（ごはん同盟）
校正　堀江圭子
編集・構成・執筆　川端浩湖
企画・編集　川上裕子（成美堂出版編集部）

撮影協力
サーモス株式会社　0570-066966
象印マホービン株式会社　0120-345135
UTUWA

スープジャーとおにぎり弁当

著　者　しらいのりこ
発行者　深見公子
発行所　成美堂出版
〒162-8445　東京都新宿区新小川町1-7
電話(03)5206-8151 FAX(03)5206-8159
印　刷　大日本印刷株式会社

ISBN978-4-415-33473-8
落丁・乱丁などの不良本はお取り替えします
定価はカバーに表示してあります